MW01623872

TODO LO QUE AMÉ

TODO LO QUE AMÉ

FRANK AYALA

ensər!o®

Una publicación de Ediciones Enserio.

Impreso en Estados Unidos.

ISBN: 978-1-66-641221-5

Índice

Prefacio

Escribir siempre ha sido para mí la forma más natural de interpretar y entender lo que siento. Creo que la vida cobra mucho más sentido a través de las palabras. Durante años me sentí como el elegido de los versos que llegaban de momento, esperaba por la inspiración para poder escribir. Mi poesía siempre tenía un destinatario. Mi musa siempre fue alguien que amé o que marcó mi vida de algún modo. Con el pasar del tiempo, mi relación con la escritura cambió. Comencé a ver la poesía en mi andar cotidiano, en las cosas triviales. Me di cuenta de que lo simple, lo que solemos ignorar, podía ser utilizado como inspiración.

De la misma forma que la ciencia trata de explicar el mundo que nos rodea, creo que la poesía trata de explicar lo que sentimos. Es mi intención que, en alguno de estos poemas, puedas encontrar respuestas a las preguntas que tal vez aún no te has hecho. Espero que puedas ver el mundo desde una perspectiva diferente y con agradecimiento. Mi anhelo es que al finalizar este libro descubras que el amor no siempre se presenta como quieres, pero siempre está ahí, esperando a que lo veas. Hay amor en las cosas más simples y triviales de la vida, solo tienes que prestar atención.

Si tú llegaras

Si tú llegaras en el momento exacto
por el camino hecho de astros y luces
¿qué podría negarte si de tus encantos
mi canción y mi nostalgia se nutren?

Si tú pronunciaras la palabra correcta
en el instante en que más te añoro
¿no sería tu voz la evidencia certera
de que en tus labios se encuentra el otoño?

Si te sorprendieran mi amor y mi nombre
y no encontraras, de algún modo, la salida
¿acaso no me rendiría a tu piel cada noche
como si de tu contorno dependiera mi vida?

Si tú me llamaras a la hora de tus colores
y el arrebol se anticipara hasta envolvernos
¿no me contarías lo que esconden tus pasiones
para soñar que en la distancia nos tenemos?

Si tú me dieras el más dulce de los besos
y te declaras ser la dueña de mis ojos

¿cómo no darte la virtud de mis deseos
para que traces en tu vida lo que somos?

Te espero

Te espero en la noche
con un lucero a media luz
te espero porque eres tú
porque mis manos se inspiran al verte
te espero con mi suerte
que está amarrada a tu olvido

Te espero en el cauce de tu río
para ir en tu corriente hasta el mar
te espero para poderte navegar
para hacer de tu regazo una fuente
te espero, aún indiferente
aunque mi nombre no menciones

Te espero en las estaciones
y en el otoño de tu sueño
te espero con mi empeño
que no te quiere abandonar
te espero suplicar
sin poder evadir tu recuerdo

Te espero en los momentos
en que nos robaste la aurora
te espero en tu memoria
si aún la puedo habitar
te espero en tu humedad
y en el caudal de tus olas

Testigo

Veo tus ojos y la forma de tus labios
y quisiera ser el agua, quisiera ser el vaso
para estar en el caudal, adentro,
que te asombra
o tan solo ser testigo del milagro de tu boca

Quisiera ser el pan que se frota en tu mejilla
las migajas en tu falda al caer el medio día
para saber la suavidad que repartes
por el mundo
o estar cerca del deseo de tu piel cada segundo

Ver el torrente de la noche caer en tu cabeza
la luz que das al alba cuando la mañana
se despierta
para nadar en tus cabellos y llegar al horizonte
donde tus ojos son el sol del ocaso que se esconde

Enumerando

No te vayas a dormir sin entenderme
ni me niegues los susurros a tu oído
no escondas la raíz de tus suspiros
sin saber el afán que me conmueve

No te quedes observándome, callada
cuando hay tantos "te quiero" por decirnos
mejor dime que nos falta por vivirnos
una vida amaneciendo en tu mirada

No recortes la ilusión de tu cabello
que no sé sobrevivir si no me cubre
ni me culpes en la noche si descubres
a mis manos enumerando sus destellos

No sonrías pareciendo enamorada
porque sabes que soy débil al hacerlo
y cuando juegas a fingir el no saberlo
parece tu sonrisa una ensenada

No le quites las palabras a mi anhelo
que son caricias aliviando tu dolor

y necesito pronunciar tu resplandor
en los otoños que preceden tus inviernos

No te rindas escribiendo nuestra historia
aún nos quedan varias partes por amarnos
nuestros besos siempre pueden libertarnos
si en tu piel nos declaramos la victoria

Oda a tus manos

Tus manos blancas
me tocaron y reconocieron
como si me hubieran
esperado al otro lado del río
sus palmas rosadas
trazaron el camino
para poder volver a casa
sus perlas lo adornaron
como lámparas nocturnas
iluminando mis pasos

Tus manos tocaron
el vino y la ventana
se asentaron a mi lado
con dulzura y grandeza
para moldear el espacio
donde guardarme del frío
donde salvarme del tiempo
un lugar que habitamos
cuando cayeron las luces
y durmieron en tu cabello

Tus manos nobles
tocaron la puerta
de mis ojos y mi boca
hicieron sitio en mi pecho
una cabaña pequeña
donde esperamos la aurora
tus dedos surcaron
la tierra donde nacieron
todas las flores blancas
que se parecen a tus manos

Hoguera

Abrazo tu cuerpo de hoguera
y tu leve anatomía incinera
todo lo que un día di por seguro

Tu amor se parece al futuro
y al sentir tu calor me aventuro
a dormir en tus brasas sin miedo

Tu pasión se convierte en mi credo
y al fervor de tu piel le concedo
que me sirva de lumbre en la noche

Hoy quiero tu incendio en derroche
para vivir en tu luz sin reproche
y convocar en tu pecho un conjuro

Y si arde en mi ser el apuro
de tu llama encender en lo oscuro
es por beber de tus labios el fuego

Tus ojos son el destino
al que siempre quise llegar

Así

Como para descubrirte
como para calmar tu llanto
como para ver las estrellas
desde los balcones más altos

Como para encubrirme
como si fuera un pecado
como si mirarte a los ojos
fuera un dulce milagro

Como para sentirte
como si no me hubieras dejado
como si gritarte a los cielos
te trajera a mi lado

Como para morirme
como si no me hubieras amado
como si pudiera al momento
renacer en tus brazos

Así te amo

En silencio

Hoy te digo adiós
aunque no me escuches
aunque mañana me arrepienta
aunque me duela

Voy a hacerme la idea
de que estarás mejor sin mí
tú y yo sabemos
que no será posible jamás

La esperanza y la nostalgia
las tengo intactas
para pensarte cada noche
y soñar que regresas

Sería una sorpresa
si algún día te encontrara
sé que te verás más bella
yo espero ser el mismo
que hoy te ama

Voy a recorrer caminos
que planificaba contigo

y te contaré en mi mente
las experiencias

Te llevaré en el corazón
a los lugares que te dije
y aún rodearé tu muñeca
con ese recuerdo

Te daré todo
lo que pensaba darte
pero lo haré en silencio

Esta vida

Yo no sé mirarte
sin sentir que me faltas
al cambiar la mirada
sin ver que vacías
se quedan mis manos
en cada despedida tuya

Yo no sé recordarte
sin sentir que te extraño
y que me correspondes
sin sentir que me piensas
cada vez que te acaricias
y el amor te hace falta

Yo no sé buscarte
sin sentir que me entrego
cuando escucho tu voz
sin pensar que tu boca
me espera en cada esquina
para regalarme un gemido

Yo no sé nombrarte
sin sentir que te amo

y que estarás a mi lado
sin sentir que esta vida
solo nos dejó encontrarnos
para en otra podernos amar

Oda a tu sonrisa

Adoro tu sonrisa
la línea trazada
que rodea tus dientes
tus labios de sal y fuego
color madera cruda
tierra de la ciudad
tallada en piedra
con el grosor de un rayo
de la luz poniente

Tus mejillas
que se extienden
abriendo paso a la dicha
de contemplar
la gracia otorgada
a mí y a los hombres
que van por el mundo
sin la suerte de tenerla
ajenos a la vida
que se encuentra
al escuchar tu risa

El aliento que exhalas
olor de hoja
del rojo otoño
de humedad temprana
de rocío, sereno
salitre de costa caribeña
viento que te abandona
para ser del aire que respiro

Amo tu sonrisa
autora de ilusiones
que nacen en tu boca

Cosas

Las cosas que haces por mí
son las razones por las que te amo
porque sonríes y te acercas a mí
y tus ojos buscan dónde posar tus labios
porque sonríes y me miras a los ojos
y ya sé lo que va a suceder
se abrirá el cielo en mi boca
y beberé de ti
de tu calma antes de la tormenta
y me aferro a ti para sobrevivir
porque quiero morir en la marea
pero necesito regresar a ti
así se encuentran mis manos con las tuyas
cuando ya no hay locura
y todo comienza al verte sonreír
porque te acercas a mí
yo no puedo negarme a tus cosas
ni a sentir que hoy te amo

Todo

Eres lo que considero posible
lo que cada día busco incansable
lo que puedo llamar increíble
lo que he de encontrar inefable

Mis augurios y noches de insomnio
el descanso a una larga travesía
el te quiero que se vuelve tan obvio
el poema que siempre te escribía

La nostalgia cada vez que me invade
la promesa de regresar a mi tierra
el contorno de sus montes salvajes
el oleaje de la noche más tierna

Eres la paz en medio de la guerra
el poniente que se viste a lo lejos
las distancias que a ratos me aterran
el agobio que se ve en mi reflejo

Eres más de lo que tanto buscaba
las tinieblas que llegan sin aviso
el tren que a las seis se marchaba
lo que mi corazón siempre quiso

Los versos cuando intento crearte
el beso que en mis sueños te robo
dime, ¿cómo más podría explicarte
que para mí lo eres todo?

No eras tú

He sentido el amor
al llegar a casa
al abrir la puerta
al llenar el vaso

He sentido y no lo finjo
al escuchar los pasos
y pretender que duermo
cuando todo es frío

He sentido y es sincero
al desbordar el llanto
y no dejarlo adentro
al extinguir el fuego

He sentido y es verdad
al ser abrazado
y recuperar el tiempo
sin tener hastío

He sentido y es quebranto
que sacude el alma
que agudiza el miedo

y me regala el suelo

He sentido y no eras tú
porque se fue el misterio
cuando llegó la lumbre
y solamente estaba yo

Despierto

Te tengo tan cerca
puedo mirarte, tocarte, sentirte
no vale la pena distraerme
porque perdería un segundo de tu hermosura
esa rara hermosura que surge de tu interior

Tus ojos me invitan a explorarlos
a ver si logro descifrar lo que me dicen
tu sonrisa me confirma
que es cierto lo que pienso
que tus labios se morían
por robarme un beso

Tus manos se pierden
y se encuentran con las mías
mientras tu cuerpo se acerca
como escribiendo una poesía

Tu dulce aroma no es excusa
para quedarme así, hipnotizado
es tu alma que se aferra
a la ternura de este abrazo
Ya no existe otra unidad de tiempo

aparte del segundo
los cuento uno a uno
mientras respiro de tu aliento

Dibujo la silueta de tu cintura
bajo esta noche
que se ilumina con tu presencia
tu pecho no titubea
para hacerme olvidar
que luego viene el día

Inevitable es
acariciar tu espalda
hasta encontrar
la parte de atrás
de tu cuello
que me obliga
a perder mis dedos
entre tu pelo

Ese pelo que se funde en la noche
y me hace confundirlo con el cielo

Me elevas tan alto
hasta alcanzar el firmamento
donde no distingo

las estrellas de tus ojos
Allí, lejos de todo
tu silencio me hace entender
que solo soñaba despierto

Dime si te espero
para llenar de amor el mundo

Oda a tus pechos

Tus pechos podrían
ser el cimiento
para construir mi casa
un hogar para la aurora
con un techo de cristal
para ver el arrebol
mientras tengamos vida

Podrían ser los adobes
para levantar un templo
donde yo te adoraría
te daría una ofrenda agradable
mi pan y mi semilla
por el favor encontrado
postrado a tu regazo
con manos juntas
velo rasgado en el suelo
agua bendita en mis labios

Un país, una nación
podrían ser tus pechos
para decir que pertenezco
a ti y a su contorno

dondequiera que yo vaya
Tal vez dos piedras
y que en el medio
nazca un río, un manantial
para beber la claridad
la transparencia tuya
o entrechocarlas
para obtener la chispa
y encender el fuego

Dos cuerpos celestes
que brillen en las sombras
cuando caiga tu cabello
podrían ser los astros
lumbreras que me guíen
por toda la inmensidad
que se encuentra en tu pecho

Por un día

La brisa, muy suave, me hace recordar
las palabras que un día me dijiste
la lluvia en mi cara me hace pensar
en los besos que un día me diste

No son más que vanos recuerdos
los que trato de encontrar en mi mente
solo son resignados deseos
los que siempre tuve de tenerte

Pido al destino encontrarte
aunque solo te tenga por un día
quiero en mi todo atraparte
y así poder entregarte mi vida

Náufraga

Verte vulnerable
era lo que faltaba
verte y no creerte
hasta haberte visto

Ver que estabas sola
y que esperabas por mí
verte sonreír
detenerme y no seguir

Verte enamorarte
y que fuera de mí
ver que naufragabas
y yo ser tu fin

Ver que te marchabas
y dejarte ir
verte caminar
y no sufrirte

Verte sumergirte
y que yo sea tu mar

verte agonizar
y no querer morirte

Enmendar

Perdóname, por este estruendo desmedido
si digo que te quiero cuando te olvido
si ves pasar las horas y aún no he regresado
si fingí felicidad al tenerte a mi lado

Perdóname, por no saber amarte tanto
por ser tu consuelo cuando causaba tu llanto
por quitarte la ilusión con esta despedida
por no poder creer que me amabas con la vida

Perdóname, si un día te hice daño
si la conformidad me convirtió en un extraño
si nunca te di el beso que tus labios merecían
si no pude descifrar lo que tus ojos me decían

Perdóname, si no fui lo que esperabas
por nunca poder darte lo que tanto deseabas
por darme a tu locura sin medir las consecuencias
por querer enmendar lo que no pude en mis
ausencias

Mujer de misterio inefable

Esperaba impaciente tu llegada
y ver entrar tu cuerpo dócil
mujer de misterio inefable
la noche clamaba tu presencia

Pero me negaste tu aroma
y perdí la noción del tiempo
dejé de esperarte y sentirte
pero añoraba ver tu silueta

No te negaré que te quiero
y que deseo moldear tu sonrisa
entre ella surgieron palabras
que hicieron largas las horas de espera

Había algo en tu pelo errante
parecido a un destello de olvido
y las ganas de conocer sus raíces
se quedaron en la punta de mis dedos

Te seguiré soñando despierto
porque pienso que aún me recuerdas

y aunque no regreses, ni un instante
dejaré tu misterio marcando mi vida

Oda a tus ojos

Si desaparecieran
todas las lumbreras
en el cielo, los astros
los cuerpos celestes
si llegara la noche
y reinara la oscuridad
con tus ojos me bastaría
para pintar la tarde
y para despertar el alba

Con el bronce fundido
que arde en tus pupilas
construiría mis armas
para todas las batallas
sería el galardón
para cada triunfo mío

El color de tus ojos
sería la tierra prometida
sembraría mis sueños
excavaría el tesoro escondido
vendrían las flores
a nutrirse de ti
a buscar la luz
que besas al pestañear

Celosa la atmósfera
de no ser la córnea
que cubre tus ojos
de no tener una capa
que toque tus párpados
haría que estalle
en llanto el firmamento
para que al menos
una gota apague tu mirada

Pero yo esperaría
con gran impaciencia
que vuelvas a abrirlos
y le regales al mundo
la llama que nace en tus ojos

Risa

Sé que has olvidado
todos los instantes
donde nuestros besos
fueron las olas
llevándonos a la deriva

Ahora que lo pienso
siempre quise
quedarme en la orilla
y no te culpo
por todos los intentos
de regalarme tu mirada

Despuntaban como alba
tus ojitos de melancolía
y aunque nunca
pude ser preciso
te juro que mi amor
fue como un sol naciente

Sálvame de la risa
que dejaste en mi mente
en la vida que me diste
y en el olvido que guardo
que si ella fuera el mar
yo sería un náufrago

La tarde llega

El cielo ya no es tu rostro
es trinchera de nostalgia
altitudes que despejan tu adiós
un instante interminable
sol, edades y sombras

El cielo que te olvida
ruge y pájaros pasan
blancas pieles, tú
vestidos grises, ellas
todos vinimos solos
a encontrarnos a propósito

Tu cielo es tan grande
que acapara mi asombro
y me dejaste volar allí
donde no se esconde el miedo

Tanto te costó marcharte
que quisiste, mía, volver

Ya no eres el cielo negro
y te sorprende ver estrellas
aun así, te quiero, melancolía
me diste el tiempo que debió seguir

La tarde llega y con ella tú
a librar los colores de esta guerra

Indivisibles

Los lugares a donde voy
siempre tienen algo de ti
como si todas las cosas
los muros, las ceras, el aire
los cristales y las fuentes
fueran indivisibles contigo

Visito todas las ventanas
para observarte desde lejos
porque sé dónde te escondes
dónde cantas cuando llueve
sé la hora de la tarde
en la que cruzas por el río

Luego llegas con un beso
como siempre lo has querido
te haces dueña de mis manos
de mis dedos y palabras
me regalas la esperanza
que germina con la aurora

Entonces vuelves a las cosas
cuando ya todo ha dormido
a los libros, los panes, las calles
a los puentes y estaciones

te haces una con el tiempo
para darme lo que he perdido

Cuánto mar hay en tu boca
cuánto cielo en tu mirar

Conjetura

Amor, el beso que te robo no es por vanidad
es la necesidad de sentirte a la distancia
el deseo de tu piel que guardo en abundancia
y el sueño de que un día sea realidad

Tener tus manos se parece a la nostalgia
que sentimos en la noche al ver los astros
y al terminar la búsqueda dejamos los rastros
que seguiríamos hasta volvernos a encontrar

Así voy errante, como buscando tu mirar
la conjetura de tu nombre para recordarte
el punto de inflexión donde quiero enumerar
los momentos de canciones que tengo
para darte
el ocaso de tus labios que me hace suspirar
y las palabras que falten para enamorarte

Oda a tu voz

No son las olas
del mar llegando
a la playa
ni su rugido
al chocar
entre las piedras
no es el viento
paseándose entre
los flamboyanes
ni arrancando
las ramas secas
del otoño
no es la lluvia
sobre el pasto
ni el agua del río
cayendo en su cauce
es escucharte hablar
lo que me asombra
de este mundo

Traes la suerte
con las palabras
los fonemas
bailan en tu boca
parece que
un milagro

se escondió
en tu garganta

El verbo nace
en tus cuerdas vocales
que oscilan, vibran
hasta llenar
el espacio y el tiempo
estremeces el aire
con la particular
pronunciación
de cada sílaba tuya
el eco solo busca
regresar a tus labios

Cuando hablas
es sonido apacible
melodía indeleble
surgen notas que juegan
y se duermen en tu voz

Teoría

Las notas de tus besos
como caigo en tu tiempo
dame la cadencia
que me lleve hacia ti

Interpreta melodías
que me canten tu sonrisa
entona los matices
de tu cuerpo en armonía

Hagamos un concierto
unámonos a coro
toquemos nuestras almas
como música de fondo

Muéstrame tu ritmo
mientras transcribo tu abrazo
quiero afinar tu cabellera
como cuerdas en mis brazos

En ti

Es en tus ojos donde nace la aurora
en tu voz se oye la intención de los días
es en tus labios donde mi amor se demora
en tu piel se desviste la ilusión escondida

En tu regazo está la sed desmesurada
en la llovizna de tu pecho, mis caricias
es en tu boca la canción que olvidaba
en tu cabello se compone mi armonía

Es en tu espalda donde se pone mi ocaso
en tu cintura están mis razones de ser
en el contorno de tu cuerpo son mis pasos
en tus caderas está el deseo de volver

Es en tu silencio cuando más te extraño
en tus manos, donde me puedo sostener
en los viajes de tus sueños te acompaño
en tu sonrisa, donde me puedo socorrer

En la pradera de tu vientre es mi descanso
en el sur de tus dedos está mi placer
en tu suelo, de rodillas, son mis pecados
en el cielo que está en ti, quisiera renacer

Recurrencia

No siempre logro entenderte
a veces las cosas hacen mucho ruido
sin embargo, estás aquí en silencio
tu pelo cae sobre mí y todo tiene sentido

Y puede que olvide tus ensueños
como pasa con todo en mi vida
pero no cesa el recuerdo recurrente
de tu voz jadeante declarando que eres mía

Aunque pasen los días sin vernos
y te domine el desespero abarcándote
sé que todas las batallas valen la pena
si al final puedo dormir abrazándote

Tus ojos

Siento un amor tan puro por tus ojos
y por el sol que se refleja en ellos
porque miras como regalando destellos
y revuelves el mundo a tu antojo

Es preciso decir que los extraño
aun cuando los pierdo en tus parpadeos
y que quisiera guardarlos del tiempo
para que nada les pueda hacer daño

Por tus ojos que son un escudo
he podido enfrentarme a los días
a los caminos que tanto te decía
porque son largos y se vuelven oscuros

Abriría el firmamento las ventanas
por la luz que tus ojos conceden
porque tu mirada muy bien los precede
como le hace la aurora a la mañana

Si algún día tus ojos me faltan
por culpa de esta obstinada despedida
quiero que sigan alumbrando esta vida
como a mí cada vez que me abrazan

Oda a tus labios

El color de tus labios
no se encuentra
en este mundo
no hay luces
ni metales
ni tierras fértiles
que se comparen
no hay destellos
en el atardecer
ni al despertar el alba
que se asemejen

El arrebol
con sus matices
solo intenta dar
con el color
de tus labios
con el espectro
que se parezca
a tu boca
cuando sonríes

El mundo fue
formado a imagen
del contorno
de tus labios

los ríos a sus surcos
el mar a su inmensidad
más hermosas son
sus comisuras
que todos los
rincones de la Tierra

El viento aún
con su encomienda
de erosionar el suelo
de llevar las olas
de darle vida
a las flores del campo
se detiene de envidia
por no ser el aliento
que roza tus labios

Tu beso fue un relámpago
en el medio de mi pecho
tu boca debe ser el cielo

Con la urgencia del fuego

Ojalá que me esperes
con el mismo trayecto
con el suelo cansado
como un pueblo en llamas
después de luchar

Que me esperes
con el pelo extraviado
con anhelo de encontrarlo
que sea de mis manos
el tesoro escondido

Con el adiós que pronuncio
que me esperen tus labios
que alcancemos la tregua
y se muerda el silencio
que me quites los miedos

Que se aparte un segundo
el dolor de perdernos
que amemos sin freno
sin frío y destierro
que me espere tu voz

Ojalá que tu acento
me espere en los días

con la urgencia del fuego
con temblor del instante
sin que me eches de menos

Eterna

No creo que te escriba más
porque el hacerlo te hace más fuerte
entonces, ¿quién te sacará de mi mente
si en estas hojas te vuelves inmortal?

Si te regalo estas eternidades
y dejas todos lo ocasos sin color
entonces, ¿dónde encuentro inspiración
para dedicarle a tu nombre libertades?

Ya no puedo describirte más
y quedarme si palabras para otra
porque entonces, ¿dónde pongo su boca
si la mía solo te sabe pronunciar?

Si te doy todas las virtudes
de todos los paisajes a lo lejos
entonces, ¿dónde veré tu reflejo
sin que mis poemas te desnuden?

Ya no voy a seducirte más
porque hacerlo es causar un incendio
entonces, ¿quién me saca del fuego
si tu sombra no lo sabe apagar?

Ya no voy a mentirte más
porque sé que no te hace justicia
sé que en cada verso que escriba
habrá un poco de tu eternidad

Sobre el autor

Frank Ayala es natural de Toa Alta, Puerto Rico. Nació el 23 de marzo de 1988. Se graduó con un Bachillerato en Matemática Pura de la Universidad Interamericana de Puerto Rico. Es veterano de la Fuerza Aérea de los Estados Unidos, donde desempeñó roles como mecánico de aviación, instructor y diseñador de sistemas de instrucción. Desde temprana edad tuvo una inclinación hacia la escritura y descubrió la poesía como un medio profundo de expresión personal, dedicándose a explorar y compartir las complejidades de nuestras emociones. Su motivación principal para escribir es la de aportar al mundo de las artes, entendiendo que la escritura es una necesidad para la humanidad.

Made in the USA
Columbia, SC
07 February 2025

e4417b1e-36d3-40b9-a686-e0598c5d4e03R01